DE LA CRÉATION

D'UN

CODEX OU FORMULAIRE LÉGAL UNIVERSEL

OPPORTUNITÉ DE SA RÉALISATION PROCHAINE

PAR

E. FERRAND,

PHARMACIEN-CHIMISTE A LYON.

MEMBRE DU COMITÉ D'INSPECTION DES PHARMACIES (ARROND[t] DE LYON), ETC.

LYON

IMPRIMERIE D'AIMÉ VINGTRINIER

Rue de la Belle-Cordière, 14.

1874

DE LA CRÉATION

D'UN

CODEX OU FORMULAIRE LÉGAL UNIVERSEL

OPPORTUNITÉ DE SA RÉALISATION PROCHAINE.

Une circulaire a été adressée naguère de Milan, pour demander l'adhésion et, au besoin, le concours de diverses corporations scientifiques, et notamment de la Société de médecine de Lyon, à propos de l'idée d'une pharmacopée universelle à constituer prochainement.

Cette circulaire invoque les disparates les plus graves parmi les codex des différents pays, la nécessité d'abord d'en faire disparaître les divergences regrettables en créant l'uniformité dans l'intérêt des garanties réclamées par l'art de guérir et l'obligation ensuite de procéder à l'application de cette réforme. La facilité et la fréquence des rapports entre les différentes nationalités, l'unité de poids et mesures qui tend à s'établir dans tous les Etats, justifient l'opportunité de la proposition.

Les auteurs de cette circulaire, MM. Christoforis, médecin primaire de l'hôpital majeur de Milan, et Ludovico Zambeletti, chimiste-pharmacien de Milan, se contentent des affirmations qui précèdent et se déclarent promoteurs de cette résolution que d'autres, et ils le reconnaissent, ont exprimée avant eux ; ces messieurs font appel aux corps scientifiques médicaux et pharmaceutiques de toutes les nations, et assignent comme terme prochain de l'envoi des travaux la mise à l'ordre du jour de cette question par le comité exécutif du Congrès médical de Vienne (Autriche).

Je viens, en conséquence, apprécier l'état de la question portée ainsi devant les Sociétés médicales.

Historique. — Déjà, depuis plusieurs années, les mêmes considérants ont été mis en avant avec non moins d'autorité, et chaque jour le nombre des preuves destinées à les appuyer vient démontrer leur importance par l'étude comparée des différentes pharmacopées; or, c'est en se plaçant à ce dernier point de vue que l'on découvre tout l'intérêt de la question. Aussi me permettra-t-on de m'y arrêter quelques instants.

Congrès international de Paris. — En premier lieu, rappelons, en effet, qu'en 1867, à Paris, séance du 22 août, cette question, proposée par le comité d'organisation du Congrès international, a été l'objet de discussions et de résolutions intéressantes en présence de soixante-dix délégués étrangers venus de tous les pays et représentant dix-neuf Etats. L'assemblée, éclairée ainsi par les sommités du monde pharmaceutique de l'Angleterre, de l'Amérique, de l'Allemagne, de l'Espagne, de la France, de l'Italie, de la Russie, etc., et conformément au rapport de M. Mialhe, qui avait fait ressortir les avantages de l'unité de langage, par l'adoption de la langue latine, de l'unité des poids et mesures et de l'unité des formules, résolut :

1° La création d'un Codex universel ou recueil de formules universellement adoptées ;

2° L'emploi de la langue latine pour sa rédaction ;

3° L'adoption du système métrique ;

4° La mise en œuvre de travaux préparatoires, émanant de commissions peu nombreuses, prises dans chaque nation, travaux à présenter à la prochaine session du Congrès international, qui décidera ;

5° Cette session aura lieu à Pesth ou à Vienne.

La question de principe était donc résolue, et l'on était entré assez avant, comme on vient de l'observer, dans l'ordre des voies et moyens, mais l'exécution proprement dite était à accomplir.

Voies et moyens. — Quoique adoptée à l'unanimité moins une voix, celle du délégué des Etat-Unis, la proposition d'une pharmacopée légale universelle avait bien rencontré quelques objections.

Depuis cette époque, on a justifié par des études comparatives l'importance du projet. La guerre, qui est venue troubler toute l'Europe, a fait ajourner l'étude collective décidée ; la paix, au contraire, à propos de l'une de ses grandes manifestations progressistes, l'Exposition internationale de Vienne, devait sans doute hâter la solution attendue.

Objections. — Parmi les objections, l'on compte d'abord des différences de constitutions médicales, de tempéraments, de climats ; mais l'on a répondu assez victorieusement en disant que la composition d'un médicament étant donnée, les médecins pourraient, suivant les circonstances, ou en élever ou en abaisser les doses à inscrire dans leurs prescriptions, et remplir ainsi toutes les indications désirables. Cela est vrai, sans doute, pour un certain nombre de préparations officinales diverses, objets d'une application générale, non absolument identiques, et faciles à ramener à l'uniformité ; mais cela est encore plus vrai, pour ainsi dire, et plus nécessaire surtout, pour celles qui, sous une même dénomination, offrent des dissemblances plus graves et sur la réforme desquelles il faudra absolument s'entendre, à défaut de quoi le côté le plus impérieusement recommandable serait méconnu. L'objection tombe donc dans tous les cas.

En dehors de ces analogies et de ces différences dans des médicaments de même espèce, pour ainsi dire, l'on trouve des recettes spéciales à la nationalité de telle ou telle pharmacopée : eh bien, on pourra leur faire des emprunts utiles, et déjà notre dernier Codex s'est enrichi de près de quatre-vingts formules importées. Puis touchant la même observation, pourquoi les pharmacopées propres à chaque pays ne conserveraient-elles pas pour leur usage l'inscription de leurs préparations, non acceptées entières ou modifiées pour le Codex universel, en même temps que toutes les formules officinales adoptées par ce dernier seraient reproduites dans les divers recueils particuliers, avec mention de l'option et l'obligation de s'y conformer exclusivement. En définitive, il ne s'agit point de faire disparaître ou, si l'on veut, de remplacer dans leur entier les pharmacopées légales, mais bien de réunir, comme l'a fort bien dit M. Boudet, des formules communes aux divers pays.

D'autres objections sont soulevées par la nécessité du caractère officiel et légal du formulaire universel. Des opinions contraires ont témoigné du peu de disposition de la part des libres échangistes, sans parler du mauvais vouloir tacite de beaucoup d'autres.

Mais, pourquoi cette révolte ? Au nom de quel principe peut-elle être soutenue? Pour moi, je ne connais que deux motifs : ou la prétention de mieux faire ou celle de réaliser une économie; or, la première prétention, jusqu'à approbation, est sans droit en pareille matière, car elle ne saurait être suffisamment justifiée par la simple affirmation de son auteur.

La deuxième prétention touchant la question économique ne peut pas davantage être abandonnée à la pratique individuelle, parce qu'elle aussi engendre l'arbitraire et conduit, ce que l'on remarque déjà trop souvent, à des suppressions ou substitutions très-graves, au double point de vue de l'honorabilité du praticien et de la santé publique ; ici encore une consécration sérieuse est indispensable.

On ne saurait trop réagir vis-à-vis de cette insurrection contre la règle utile, indispensable, sans laquelle, minée dans quelques-unes de ses parties, l'édifice croule, ensevelissant tous les avantages qu'on en attendait.

Je ne m'arrêterai pas à cette autre observation que la règle ne vivifie pas ; que là où elle règne d'une manière plus absolue, le progrès ne se manifeste point, si ce n'est pour avoir l'occasion de répondre que là où elle règne le moins, c'est l'abus qui domine ; mais aux amis du progrès je me plais à dire, pour le moment, que, dans l'étude des éléments qui doivent faire l'objet de la règle générale dont il s'agit, dans ce vaste domaine d'une pharmacopée universelle, il y a place pour tous les efforts et que l'occasion est bonne et pressante.

Après la réplique donnée aux oppositions et tendances, puisons les arguments les plus péremptoires dans l'exposé des faits que peut fournir un coup d'œil rapide sur les diverses pharmacopées.

Et, d'abord, on doit s'attendre à trouver des médicaments composés à des époques bien dissemblables, à des produits de l'empirisme ou conçus d'après les systèmes les plus divers, enfin plusieurs formules pour un même médicament ; là se distingue l'originalité des coutumes ou des besoins ; ici, la complexité des intentions, ailleurs la simplicité et la rigueur de la science, mais toujours la diversité.

Exemples genéraux, suivant les nationalités. — L'Angleterre, qui possède un formulaire spécial pour ses colonies, a une pharmacopée riche en préparations énergiques, complexes, drastiques, additionnées d'aromates et d'épices. Les Anglais vont jusqu'à mettre du garou dans leur tisane de salsepareille ; peu de contre-stimulants ; quelques remèdes spéciaux empruntés à leurs colonies ; résine camboya, teinture de chanvre indien ; beaucoup de pilules purgatives, peu de pilules calmantes (beaucoup de Morisson, d'Anderson, pas de cynoglosse, pas de Méglin), et parmi les médicaments chimiques, l'acide phénique, le bromure d'ammonium, l'iodure de cadmium, le phosphate d'ammoniaque, les préparations gazeuses, simples, soda water, gazeuses avec lithine, d'autres laxatives avec tartrate de magnésie effervescent.

L'Allemagne possède autant de pharmacopées que de variétés de monnaies dont l'unité n'est pas encore faite. On y trouve moins d'irritants que dans les prescriptions anglaises, mais comme dans ces dernières, des excitants et des stomachiques. L'étude de la pharmacopée germanique prouve que les habitants sont rebelles à l'action des altérants et peu prodigues de narcotiques. Une certaine analogie existe donc entre les pharmacopées de nos deux voisins, et l'on pourrait, en outre, dire d'eux : telle alimentation, telle médication.

En effet, la grande proportion de matières azotées que consomment les Anglais nécessite chez eux l'emploi d'alcoolats, de condiments très-âcres, habituant les intestins à l'usage des aromates de toutes sortes ; puis encore, comme conséquence, viennent les purgatifs violents.

Chez les Allemands, d'énormes quantités de pâtes sucrées et de lard, le lymphatisme aidant, justifient l'intervention des épices douces, beaucoup de muscades, des excitants stomachiques, des purgatifs aussi, mais des toniques surtout. Enfin, Anglais et Allemands, dès que les uns et les autres sont malades, il faut pour ainsi dire les nourrir d'abord et ne les médicamenter qu'en second lieu.

Le dernier Codex français a fait d'assez nombreux emprunts aux pharmacopées britanniques et germaniques, mais, en définitive, il se rapproche davantage de la médication propre aux nationalités latines, plus sobres : Italie, Espagne, voire même à la Russie.

Evidemment, si je n'avais rien à ajouter à l'énoncé des causes de ces dissemblances, attribuées aux constitutions médicales, qui sont, en définitive, plus justiciables de la médication que du formulaire, la question d'un Codex universel serait résolue par la négative. Mais des différences extrêmement graves se présentent dans la composition des préparations officinales d'une contrée à l'autre, même à peu de distance, par l'aspect général, par la nature, par la posologie, par le nombre des éléments qui les constituent, et cela très-souvent sous les mêmes dénominations.

Aspect. — Blancs, d'après le Codex français, les SIROPS DE CANNELLE, de MENTHE sont bruns, et le CÉRAT SATURNÉ est jaune, d'après la pharmacopée germanique.

Nature. — D'après cette dernière encore, le SIROP D'IPÉCACUANHA est fait avec 10 grammes de racine au lieu de 10 grammes d'extrait prescrit par le Codex français ; le MELLITE DE ROSES avec la rose à cent feuilles, au lieu de la rose de Provins ; les teintures DE BELLADONE et DE DIGITALE sont de véritables alcoolatures ; le PRÉCIPITÉ BLANC est représenté par l'oxychlorure de mercure ammoniacal au lieu du protochlorure obtenu du protonitrate par l'acide chlorhydrique, c'est-à-dire du calomel par voie humide, alors que tous les pharmacologistes recommandent avec raison de bien se garder de confondre ces deux produits.

POUDRE DOWER. — Le formulaire de Berlin supprime le nitrate de potasse; la pharmacopée germaine remplace les deux sels nitrate et sulfate par le sucre de lait; la pharmacopée britannique emploie l'opium brut; les formulaires de Parme et de Florence font subir à l'opium un commencement de torréfaction; en France, l'usage a consacré l'emploi de l'extrait thébaïque; de là une activité double.

Teintures. — En général, le degré de l'alcool qui doit être nécessairement déterminé, suivant la nature des substances, n'est nullement indiqué, et plusieurs sont éthérées qui, chez nous, ne le sont pas. (Teint. d'ipéca, de stramonium, de noix vomique, Ph. germ.)

Laudanum de Sydenham. — 18 pharmacopées ou formulaires spéciaux observent une formule conforme à celle du Codex français; ailleurs, en Belgique, en Autriche, en Angleterre, l'opium brut est remplacé par l'extrait d'opium; Londres en supprime le safran, tandis que la Belgique, la Hollande en doublent la dose, qu'Anvers, Varsovie, Berlin en amoindrissent d'un tiers la proportion, et que Copenhague, Turin, le Hanovre la réduisent de moitié.

Proportions. — Les précédentes observations me conduisent à l'examen des quantités, examen autrement fécond en dissemblances importantes prenant leur source dans le défaut d'unité des poids et mesures; ce sont des livres de 12 onces, de 16 onces, des plus légères aux plus lourdes, de Venise à Paris, et tous les intermédiaires possibles, car le poids des onces varie de 25 à 35 grammes, et cela est vrai pour plus de trente pharmacopées (l'once fluide anglaise exprime un volume et non un poids); le gros est bien partout formé de trois scrupules, mais ces derniers n'ont point la même valeur. Le nombre de grains à la livre s'étend du moins au plus de 5,760 jusqu'à 9,216, soit dans un rapport de 2 à 3.

La plus grande confusion ressort donc des exemples de cet exposé; on comprend dès lors quelle influence fâcheuse a pu exercer, notamment sur les proportions des éléments constitutifs des recettes dites similaires, cette diversité considérable dans l'appréciation des poids de même nom, mais de valeur dissemblable, et cela surtout dans les formulaires de tous les pays d'Europe.

Des appréciations d'un autre ordre ont contribué encore à cette discordance des appropriations particulières aux nationalités, dépendant des vues de tel auteur; celles, enfin, exprimées par un sacrifice aux chiffres ronds, etc.

Les mesures de capacité n'ont pas eu la même importance, car elles ne sont pas aussi fréquemment employées; cependant les unités fondamentales de chaque nation ne sont pas moins des causes de modifications et de complications regrettables; ainsi, la pinte française vaut 0,931 litres, la pinte anglaise 473. L'unité ou la mass, en Autriche, est de 1,415^{cc}; dans le duché de Bade, de 1,500^{cc}; à Turin, de 1,360^{cc}; dans le Wurtemberg, 1,837^{cc}; en Bavière, 1,069^{cc}; dans le grand-duché de Hesse, deux litres ou quatre schoppen. Volà une unité bien variable! Et l'on sait de combien, en France, nos brasseries allemandes ont cédé au caprice en réduisant la contenance des mêmes schopes et moos.

Enfin, à côté de ces causes connues, il en est d'autres qui nous échappent, qu'une étude plus approfondie expliquerait, sans doute, mais à la condition aussi de faire une large part à l'arbitraire.

Citons des exemples justifiables de ces causes multiples, en prenant notre Codex français pour terme de comparaison :

1° Le SIROP D'ACIDE CYANHYDRIQUE contient, en Belgique, 4 millig. d'acide par cuillerée à bouche, 17 millig. dans notre ancien Codex et 10 millig. dans le nouveau. (Dumas, préface du Codex (f° 76.)

2° Je trouve dans diverses pharmacopées une huitaine de formules sous le nom de LIQUEUR ARSENICALE, qui, il faut en convenir, sont des liqueurs de Fowler dans lesquelles on a remplacé par une autre senteur de cannelle, d'angélique, etc., l'élément aromatique; mais, quant aux deux autres, il faut remarquer que la liqueur D'ARSENIATE SODIQUE de la pharmacopée britannique est dix fois plus forte que la liqueur D'ARSÉNIATE DE SOUDE DE PEARSON, adoptée par le Codex français.

LIQUEUR DE VAN SWIETEN (Pharm. brit.), 1/5 de bichlorure en

plus et dissolution favorisée par du chlorhydrate d'ammoniaque au lieu d'alcool.

Chloroforme. — Densité plus élevée que donne plus grande rectification (Ph. germ.) et même pharmacopée.

Acide chlorhydrique, 25 % au lieu de 34. Acide phosphorique, 15 % au lieu de 45. Soluté de perchlorure de fer, 43 sel pr. 26, soit 47 d. au lieu de 30, ce qui est déjà très-élevé. Le sirop d'iodure ferreux, dont la premiere recette est française (lyonnaise même), contient dix fois plus de sel de fer. Emplatre vésicatoire, 1/8 cantharide au lieu de 1/4. Onguent napolitain, 1/3 mercure au lieu de la moitié. Liniment volatil, plus ammoniacal, 1/5 au lieu de 1/10. Teinture d'opium, à 1/10 au lieu de 1/6.

Je viens d'emprunter ces dix derniers exemples au manuel comparatif que la Société de pharmacie de Strasbourg a publié, et dont le professeur M. Smith a fait un rapport tout récemment à la Société de médecine de cette ville. Ce manuel fournit le parallèle entre les substances et préparations pharmaceutiques du Codex francais et celles de la pharmacopée germanique, devenue obligatoire pour l'Alsace-Lorraine depuis le 1er novembre 1872. Il faut bien avoir un esprit gouvernemental tout prussien pour mettre ainsi de la politique jusque dans le *purgare et clysterium donare*.

La liste des produits seulement les plus usuels est loin d'être épuisée. Je ne dirais toutefois qu'un mot des extraits, puis de deux ou trois teintures et de quelques préparations vineuses.

Extraits. — A la confection de ces matériaux condensés et précieux, des opinions, des progrès, des usages ont fait apporter ou maintenir des modes divers, à ce point que l'extrait d'une même substance est fait avec des parties de plantes ou des véhicules et des consistances dissemblables contre lesquelles le médecin doit se tenir en garde dans ses prescriptions. Or, cette variation, très-grande suivant les nationalités, s'applique notamment aux extraits d'opium, de noix vomique, de belladone, d'aconit, etc., c'est-à-dire aux plus importants.

Teintures. — Dans la pharmacopée britannique, la *teinture de digitale* est de un quart plus faible que chez nous ; la *teinture de belladone* plus faible des deux tiers ; la *teinture d'iode*, idem, soit de 15 gr. 5, au lieu de 40.

Vins. — Les uns prescrivent des vins secs, les autres des vins sucrés.

Vin de quina. — Notre dernier Codex a donné l'exemple d'une modification et dans l'espèce et dans la dose en prescrivant 30 gr. de quina jaune au lieu de 60 de quina gris ; cette dernière est restée plus forte à l'étranger, double et triple, et l'espèce de quina n'est point désignée.

Vin de colchique. — Celui du formulaire anglais contient 113 gr. semences pour 518 gr. vin de Shery ; le nôtre, seulement 30 gr. pour 500 gr. (thèse de M. Werwaest) soit 21,8 au lieu de 6 °/₀. — En Allemagne, la différence est moins grande, mais la dose de l'élément actif est encore, avec plusieurs variantes, deux fois celle de notre Codex.

Enfin, en comptant bien, l'on trouverait plus de quatorze recettes pour le *diascordium* et vingt pour la *thériaque*, depuis celle d'Andromaque jusqu'à la thériaque céleste d'Hoffmann, image de toutes les réformes depuis le Codex français, dont la recette contient plus de soixante espèces, jusqu'aux pharmacopées de Londres et d'Amsterdam, qui en renferment dix fois moins.

Et déjà l'on peut déduire les conséquences graves de cet état de choses, très-graves veux-je dire, pour l'honneur de la profession des pharmaciens, pour la dignité des hommes éclairés qui l'exercent, pour toute la somme de garanties voulues que le médecin croit pouvoir assurer à ses prescriptions, pour le malade enfin d'un pays touchant aux frontières ou malade qui voyage ; ce dernier, en effet, qui croit être prudent, emporte bien avec lui sa dernière ou ses plus précieuses ordonnances, mais au milieu du dédale que présentent les bases médicamenteuses suivant les nationalités, il ne saurait retrouver le même remède en changeant de pays.

Il n'en sera plus ainsi lorsque, pour l'œuvre commune, on aura fait ce qui a été pratiqué isolément pour les pharmacopées nationales réformées dans ces dernières années. En suivant en effet les exemples donnés par plusieurs, notamment par le Codex français, on accordera la préférence aux recettes qui présenteront les meilleures garanties de valeur thérapeutique et de bonne exécution.

Déjà l'unité de poids et mesures est adoptée en principe par le monde civilisé.

La question des monnaies n'a pas eu encore le même succès, et l'on se demande quel sera le sort du projet d'un Codex universel? L'assentiment des hommes d'initiative et de progrès qui sont venus à Paris en acclamer la proposition trouvera sans doute, dans cette question moins complexe, les gouvernements plus désintéressés et plus faciles.

Mais où en est le projet lui-même? On s'est lassé à attendre le travail de la commission qui devait être nommée à la suite du Congrès international de Paris, 1867.

En 1869, une réunion tenue à Vienne posa de nouveau la question de l'exécution pour arriver à la plus grande uniformité possible de force et de composition des médicaments employés dans tous les pays. Mais on se borna à voter des remercîments à la Société de pharmacie de Paris, en voie d'élaboration du travail préparatoire. Ce congrès était, du reste, particulier à l'Allemagne du sud.

Sur ces entrefaites, à l'initiative privée du docteur Phœbus, de Giesen, répondit la promesse de collaboration par divers collègues de Paris, de Londres, de Vienne, de Berne, de Naples, de Saint-Pétersbourg ; le travail est, dit on, en voie d'accomplissement; mais il ne s'agit ici que d'une pharmacopée internationale contenant toutes les formules des différents codex avec distinction en plus gros caractères de toutes celles destinées, comme plus importantes, à être unifiées puis adoptées plus ou moins officiellement par les différentes nationalités ; ce premier groupe de savants s'est étendu et compose aujourd'hui une Société dite pharmaconomique : son œuvre ne me paraît devoir réaliser qu'un premier choix.

Déjà depuis Lemeril, 1697, la pensée de ce projet a été maintes fois formulée, et nous la trouvons même réalisée comme ensemble dans Jourdan, qui a accompli à lui seul ce laborieux rapprochement comparatif dans son conspectus de soixante-trois pharmacopées dispensaires ou formulaires accrédités.

Grâce à de nombreuses abréviations et à un texte très-fin, ces deux volumes renferment la matière de dix volumes in-8 ordinaires.

En décembre 1872, on annonça qu'un congrès général des pharmaciens européens devait se tenir à Londres dans les premiers jours de janvier; les lettres de convocation ont dû être adressées à cet effet aux membres délégués par leurs confrères. Le but de cette réunion était aussi d'arriver à l'élaboration d'un Codex universel et d'entendre les rapports des délégués nommés au Congrès de Paris sur les propriétés des plantes médicinales des diverses contrées continentales.

Mais cette entreprise, en dehors du premier mouvement imprimé, n'a pas abouti, à ce point qu'on se demande si la réunion a eu lieu; des renseignements récents m'ont confirmé que le Congrès de Londres annoncé n'était pas général, et qu'en définitive il n'a pu être que restreint, car la commission de Paris n'en a pas été informée.

Solution : Présentement, Paris est-il en mesure? J'ai appris naguère, de la bouche d'un membre de la commission, M. J. Lefort, que l'œuvre touche à sa fin, et que des notes relatives aux caractères distinctifs et propres à faire reconnaître la pureté des éléments prescrits ajouteront à cette œuvre capitale un intérêt considérable.

Mais pour donner ici des renseignements, sinon plus précis, du moins plus étendus, j'ai eu recours à l'obligeance empressée de M. Mayet, membre de la commission du dernier Codex français, et de sa réponse, qui ne pouvait être plus positive, j'extrais les notes ci-après :

« La Société de pharmacie de Paris a nommé, au commence-
« ment de la présente année, une commission chargée de réunir
« les matériaux nécessaires à la confection d'une pharmacopée
« internationale.

« Cette commission, composée de MM. Bussy, président,
« Boudet, vice-président, Planchon, Duquenel, Roucher, Mehu,

« Adrian, Mialhe, Lefort, Buignet et Mayet, s'est mise aussitôt à « l'œuvre.

« Déjà les commissaires, chargés de l'examen des grandes « divisions discutées et réparties par la commission, ont déposé « leurs divers rapports.

« Pendant les vacances, l'un des secrétaires, M. Duquenel, a « dû réviser les susdits rapports réunis, rechercher les omis- « sions, etc., et, finalement, doit présenter un travail d'ensemble « qui permettra d'achever, avec l'année, l'œuvre entreprise.

« Il est résulté enfin des renseignements demandés par la « commission de Paris à Vienne qu'il n'était nullement question « de réunir un congrès pharmaceutique en cette dernière ville « pour le mois de septembre. »

Il ressort donc de ces documents, puisés à la meilleure source, que la convocation pour le Congrès de Vienne dont parle la circulaire de Milan, s'adressant notamment à la Société de médecine de Lyon, est au moins ajournée.

Il appert aussi qu'une commission toute française s'est chargée de répondre aux *desiderata* du Congrès international, et que l'œuvre consciencieusement entreprise et achevée sous les auspices de la Société de pharmacie de Paris sera prête à courte échéance.

J'aurais dû, peut-être, me borner à reproduire ces dernières notes, mais, entraîné par l'intérêt du sujet, j'ai essayé de donner une idée de la question de l'unification des pharmacopées comprenant les préparations officinales les plus usuelles. Cette idée, en effet, d'unification, et c'est là mon excuse, se présente à nos yeux comme devant à l'erreur, à la confusion, opposer la sécurité des malades, la garantie des praticiens et être le point de départ de nouveaux progrès pour les sciences pharmaceutiques et médicales.

Je conclus donc :

1° Qu'après l'examen des causes, souvent hétéroclites, toujours sérieuses ou graves que comportent les exemples nombreux et disparates réunis dans ce recueil, l'idée de l'unification des principaux éléments des divers Codex en un formulaire légal universel, s'impose forcément ;

2° Que la proclamation, par le Congrès international de Paris, de l'urgence de cette création, est revêtue du caractère d'assentiment général qui lui assure l'accueil le plus empressé ;

3° Qu'à cette époque, session de 1867 et depuis, non-seulement aucune objection sérieuse n'a été formulée, mais que des désirs impatients ont été exprimés par différentes nationalités ;

4° Que l'on doit féliciter la Société de pharmacie de Paris de son initiative de réalisation ;

5° Que l'on devra une reconnaissance bien méritée à la Commission exécutive pour le labeur considérable qu'elle a entrepris, la haute garantie qu'elle lui assure et l'impulsion heureuse qu'elle va donner aux Sociétés ou cercles pharmaceutiques ou médicaux appelés bientôt à apprécier son œuvre.

www.ingramcontent.com/pod-product-compliance
Lightning Source LLC
LaVergne TN
LVHW010219230826
846091LV00008BB/3578

* 9 7 8 2 0 1 9 2 5 5 3 9 8 *